Ellyxia Castle

Sensuelle

Les recueils burlesques – Tome 1

Société des Écrivains

Sur simple demande adressée à la Société des Écrivains,
14, rue des Volontaires – 75015 Paris,
vous recevrez gratuitement notre catalogue
qui vous informera de nos dernières publications.

Texte intégral

© *Société des Écrivains, 2014*

Sommaire

Introduction

L'idée de publier mes ouvrages vient de ma professeure d'écriture de l'université ! Vous voyez, le genre de cours que les élèves trouvent normalement ennuyeux, eh bien moi j'aimais bien.

Après une session de travaux sur des sujets désespérants vint le dernier devoir qui comptait pour environ la moitié de la note !

Wow ! Style libre… Nous devions donc utiliser et composer notre propre histoire, l'imager et faire une mise en forme semblable à celle des magazines. J'ai donc pris une de mes alléchantes histoires, *Sensuelle*, pour être plus exacte.

Quelques jours plus tard, je reçois un appel de ma professeure : « Madame Castle, concernant votre dernier ouvrage, nous vous demandions une composition de votre propre cru et non un texte quelconque que vous auriez copié ! »

Je suis restée bouche bée quelques instants, je n'en croyais pas mes oreilles... Figurez-vous qu'elle ne me croyait pas capable d'écrire autre chose que des pubs sur les bienfaits du pruneau !

Je lui ai expliqué que ce texte était bien de moi et elle m'a répondu : « Jamais je n'aurais soupçonné que vous aviez autant d'imagination. Avez-vous beaucoup d'histoires de ce genre ? J'ai vraiment apprécié, c'est tellement différent de vos autres travaux. Vous devriez aller voir une maison d'édition, je suis certaine que ça pourrait les intéresser ! »

Aujourd'hui, je remercie madame Pasquis, non seulement pour la note géniale qu'elle m'a attribuée, mais également de m'avoir fait découvrir mon propre talent. Je souhaite juste qu'elle ait la chance de lire ce livre et tous ceux qui vont s'ensuivre.

L'idée d'un éditeur a mûri longuement jusqu'au jour où j'ai rencontré une nouvelle copine durant un « 5 à 7 d'affaires ». J'étais accompagnée d'une autre collègue et amie, Guylaine. Toutes deux prises par des responsabilités accablantes, elle, gestionnaire et moi, directrice des ventes et du marketing, elle s'est jointe à nous durant l'une de nos soirées de détente bien méritées.

Artiste peintre passionnée, elle nous décrivit et nous fit comprendre comment un équilibre peut être possible entre le travail et les plaisirs.

Étant moi-même passionnée par l'écriture, je leur expliquai ; Guylaine n'étant pas au courant de mon côté artiste névrosé, ni à quel point mes écrits pouvaient être libérateurs pour moi… Après une excellente soirée, nous avons échangé nos adresses courriel, et depuis ce jour, cette artiste est devenue une amie.

Tout au long de votre lecture, je vous transporterai dans un flot d'images érotiques qui provoqueront, je l'espère, le désir de suivre mes futurs écrits.

Préambule

Bienvenue dans mon monde imaginaire et fantaisiste. Vous êtes mon inspiration, vous tous, toute personne aussi anodine et simple soit-elle, par vos confidences, votre style de vie, vos comportements inhabituels ou vos regards fougueux... Une analyse complète du genre humain et de tous ces détails réunis.

Le premier recueil de cette collection n'est que la cime de l'immensité irréelle et incommensurable de ces tabous ancrés dans notre quotidien par nos peurs et nos préjugés sociaux.

Ces tabous se dénouent et se communiquent plus facilement par écrit, laissant une interprétation différente à chacun. Votre imagination travaillant pour vous, durant votre court séjour de relaxation, vous découvrirez plusieurs facettes de l'érotisme et de la sensualité qui étaient peut-être cachées tout au fond de votre petit jardin secret.

La réussite d'une vie amoureuse et comblée est l'expression de vos brefs plaisirs et de l'accomplissement de certains de vos plus furtifs fantasmes. Elle commence par un toucher, un baiser, un simple regard, mais par-dessus tout, par la communication.

Je traduis l'imagerie cérébrale grâce aux mots, tel un diaporama mental ou un vieux film muet que vous pourrez suivre facilement, sans perdre le fil des événements et qui, je le souhaite, saura éveiller et apprivoiser ce petit diable en vous.

Bonne lecture à tous.

Sensuelle

Je suis une femme d'affaires, célibataire depuis longtemps et très indépendante. Je n'ai pas le temps de m'encombrer d'un homme ou même d'enfants ! Disciplinée, routinière et ponctuelle, je me considère jolie et bien proportionnée !

J'habite un petit appartement dans un coin paisible en banlieue. Une cuisinette, une petite chambre à coucher et une banquette dans la salle à dîner sont là pour satisfaire tous mes petits besoins personnels.

Mais quelque chose d'inusité arriva et me fit réaliser que cette vie, à laquelle je tenais tant, manquait simplement de piquant et de vie.

Andrée, ma voisine de palier, et moi étions des amies de longue date. Les mêmes centres d'intérêt, aussi disciplinée l'une que l'autre, une complicité à toute épreuve. En plus de cela, nous pratiquions le même genre activité : l'entraînement.

D'ailleurs, c'est justement à cet endroit que nous avions fait connaissance. Andrée était une femme superbe, une longue chevelure d'un blond cendré, un teint doré, les yeux noirs, une peau satinée, un corps athlétique, un adorable visage et un sourire à faire baver tous les hommes.

Moi, une brunette au teint cuivré, bien coupée et très musclée grâce à un entraînement régulier, les yeux verts, bien proportionnée mais très massive... Nous n'étions pas des déesses mais nous faisions tourner les têtes.

Ma petite histoire débute par un soir d'automne. Comme tous les jeudis soirs après le boulot, je me retrouvai au même centre d'achats avec ma copine pour un succulent souper et une soirée de shopping.

L'ouverture d'une nouvelle boutique de micro-ordinateurs attira notre attention. Sur la pancarte, à l'entrée, on pouvait lire : « Payez et emportez ! »

Curieuses, nous sommes entrées. Après un long *pitch* et des réponses à toutes nos questions, le vendeur nous offrit une de ces petites merveilles de machine, identiques à celles du bureau mais à prix modique !

Nous étions enchantées : un ordinateur, un écran, un clavier, une caméra, un micro... L'équipement parfait pour des femmes seules ! Maintenant, il suffisait de lui trouver un petit coin pour l'installer dans mon minuscule logis.

De retour à la maison, nous déballions nos nouveaux jouets : « *Plug & Play* » qu'ils disent ! Et effectivement, tout était fonctionnel, y compris Internet !

Le vendeur nous avait bien renseignées ; Andrée et moi pouvions nous parler par courriel, nous voir par caméra et directement par Skype ! Nous avons passé la soirée, ou plutôt la nuit, à tester nos nouveaux engins.

Le lendemain matin, le lever du corps fut rude. J'étais anxieuse et impatiente de rentrer à la maison. Plein de choses à découvrir et de gens avec qui discuter, nous avions le monde entier dans notre salon ! C'était un peu effrayant mais excitant en même temps !

Après quelque temps et après avoir apprivoisé nos nouveaux ordinateurs et leurs applications, je reçus d'une adresse inconnue une invitation pour le moins étrange ! Le courrier disait :

« Invitation spéciale à l'attention de Michèle Trudel,

Vous êtes cordialement invitée à vous joindre à nous, samedi 30 novembre dès 20 heures, pour une soirée Skype sur http://www.sexychat.com dans la chambre Sensuelle, votre nom d'utilisateur est "Mimi" et votre code d'accès est "michele069". Les *webcams* se doivent d'être allumées pour y accéder.

De plus, nous vous demandons une tenue vestimentaire bien spécifique ; le latex est de mise pour cette soirée.

Nous vous attendons chère demoiselle !

Une amie xxx. »

Aucune de mes copines, à l'exception d'Andrée, n'avait connaissance de mon adresse courriel ! Et nous n'avions pas parlé avec beaucoup de personnes et ce sans donner nos véritables noms !

Je m'empressai de demander des nouvelles à ma voisine qui, elle aussi, avait reçu le même courriel personnalisé ! Monstrueusement alarmant mais nous étions un peu rassurées de voir que la signature était féminine et qu'elle avait l'air de bien nous connaître.

Un peu inquiètes mais bien attisées, nous décidions d'aller de l'avant... Après

tout, personne n'avait nos adresses personnelles ; par sécurité, les courriels avaient
été créés à partir d'adresses fictives.

Une petite journée de magasinage
s'imposa, nous n'avions pas ce genre de
vêtements ! Le jeudi suivant, nous nous
rendions, pour faire changement, dans les
boutiques de lingerie.

Du rose, du rouge, du blanc ou du noir,
en dentelle, en tissus soyeux tel le satin ou
la soie, chemises de nuit, soutiens-gorge,
petites culottes et déshabillés, nous avions
dévalisé ces boutiques de leurs plus beaux
dessous, mais après plusieurs recherches,
nous n'avions pas trouvé ce que nous cher-
chions... Nous devions aller dans une
boutique spécialisée, dans une boutique
érotique !

Sur place, nous avons eu du plaisir à essayer tous les magnifiques vêtements de ce
magasin. Le latex m'allait à merveille et
Andrée...

— Hum... très sexy ! lui dis-je.

Je n'avais jamais remarqué qu'elle était aussi jolie ! De retour à la maison, je sautai dans la douche pour calmer mes pulsions animales. Aussi étrange que ça puisse paraître, Andrée m'avait allumée !

— Je suis célibataire depuis beaucoup trop longtemps ! me dis-je, surprise.

Après la douche, j'ouvris mon ordinateur et « *You got mail* » retentit du fond du salon. C'était Andrée, me demandant si ce qu'elle venait d'acheter *me* convenait ? Je lui répondis affirmativement en lui suggérant une petite discussion par caméras interposées.

Elle était très inquiète pour la soirée de samedi et me demanda si nous pouvions être ensemble au lieu d'être chacune chez soi. Je lui répondis : « Oui, sans problème, je pensais justement à la même chose ! » Fébrilement, sans trop savoir pour quelle raison.

Le jour fatidique arriva, samedi. J'avais eu l'occasion de parler avec Andrée de l'organisation de cette soirée. Nous avions convenu que j'apporterais ma machine durant l'après-midi pour que l'on puisse toutes les deux en profiter, être seules ne nous tentait pas. Donc, comme prévu, j'arrivai vers 14 heures pour installer mon ordinateur.

Après avoir cogné quelques fois sans réponse, je cognai une dernière fois :
— Toc toc toc ! et j'ouvris la porte doucement, j'entrai et me dirigeai vers la cuisine : Andr...
J'entendis un bruit venant de sa chambre.

Je marchai silencieusement jusqu'au seuil de sa porte... Elle était couchée sur le lit, les yeux fermés, sa douce chevelure humide étalée vers l'arrière, ses seins dévêtus et durcis par les frissons de passion, ses longues jambes frétillantes de satisfaction, le dos cambré de jouissance, ses délicates mains caressaient son sexe gonflé de plaisir qui, lui, perlait de contentement.

L'envie me revint… Elle était si belle, si délicieusement formée, la curiosité féminine m'était inconnue, mais là… Je voulais la goûter, la sentir, lui faire plaisir :

— Hum… hum, dis-je doucement.
— Oh ! pardon Mitch, je ne t'ai pas entendue entrer ! dit-elle avec un soubresaut dans la voix en enfilant un peignoir.
— Pas de problème, je sais ce que c'est d'être seule !
Et je m'étonnais de ne pas avoir pris part à ce plaisir.
— Prête pour ce soir ? lui dis-je les yeux brillants.
— Je suis rassurée que tu sois ici ! Oui, je suis prête, me répondit-elle.

Nous avons passé un bel après-midi. L'image d'elle en pleine jouissance ne m'a pas quittée du reste de la journée. J'essayai de me raisonner, me disant qu'elle était une de mes meilleures amies et de m'expliquer cette soudaine curiosité féminine par un « célibat prolongé » qui, de toute évidence, ne me convenait plus !

L'installation de l'ordinateur prit quelques minutes, ce qui nous donna le temps de nous relaxer et de nous préparer pour la soirée. Elle avait tout prévu : un succulent dîner aux chandelles, quelques bouteilles de vin, le foyer allumé et un dessert à couper le souffle. Un dîner de vieilles filles, comme elle l'appelait si bien ! Nous étions bien parties pour une soirée d'enfer !

Durant le dîner, le sujet des vêtements de latex était au menu. Elle me complimentait sur mon apparence et sur l'effet que je lui avais fait lors de l'essayage. Je me surpris à lui confirmer ma réaction réciproque et l'effet surprenant qu'elle avait eu durant notre session de magasinage.

Je pouvais sentir les vibrations dans sa voix et pouvais voir dans son profond regard que sa curiosité féminine avait été attisée également. L'atmosphère fut plus détendue et relâchée après la deuxième bouteille de vin.

Le climat fébrile, l'effet de l'alcool et nos chaudes discussions sur nos fantasmes « en latex » étaient opportuns à une soirée qui s'annonçait plutôt bien. Vers 19 h 30, nous nous précipitions pour nous déshabiller et enfiler ces fabuleuses tenues de latex.

Elle portait un pantalon ajusté révélant ses longues jambes, des bottes moulant ses mollets, un bustier lacé de bas en haut dans le dos galbant ses seins et un manteau long complétait sa tenue de soirée, le tout en noir.

Pour ma part, une jupe courte à mi-cuisse montrant mes superbes jambes, effilées par de délicieux escarpins, un petit veston court laissant mon ventre à découvert, un balconnet agencé, le tout dans un rouge flamboyant, étaient mon costume de soirée. Nous étions prêtes... et pompettes également !

Nous ouvrions les machines et démarrions les caméras comme prévu. Après un test rapide pour s'assurer que tout était

fonctionnel, nous entrions sur le site indi-
qué dans le courriel.

En entrant le code d'accès, une introduc-
tion vidéo démarra... en stéréo ! Une
femme masquée à la voix sensuelle se fit
entendre :

— Bienvenue dans la chambre Sensuelle, vous êtes maintenant sur le site des
fantasmes féminins... Au cours de la soirée, divers spectacles vous seront
présentés, il ne tiendra qu'à vous de les
admirer ou, pour les plus audacieuses, d'y
participer. Toutes vos caméras sont énumé-
rées dans la liste ici-bas et classées par
ordre alphabétique selon vos noms
d'utilisatrice. Vous n'avez qu'à cliquer sur
la caméra que vous voulez, pour y accéder
et apprécier les plaisirs charnels de chacune. Bonne « sexy » soirée, mesdames !

La liste était très longue, mais classée
alphabétiquement, de cette façon, il était
très facile d'y arriver. Le surnom d'Andrée
était « Dédé », je m'empressai de descendre à la section « D » et, aussitôt cliqué,

qui apparaît sur mon écran... Andrée !
Nous pouvions voir toutes les femmes en
ligne pour cette soirée. Il y avait des spectacles publics organisés et d'autres vidéos
plus privés que quelques-unes faisaient.

L'exhibitionnisme était au rendez-vous !
Nous pouvions ouvrir plusieurs fenêtres en
même temps, il était possible de discuter
avec elles, nous pouvions également leur
demander de se dévêtir ou de se caresser...
Tout était possible !

Chacune une coupe de vin en main, assise côte à côte, Andrée et moi avions
beaucoup de plaisir à regarder et à discuter
avec plusieurs d'entre elles. Plusieurs
étaient des femmes mariées en manque de
sensualité, d'autres étaient lesbiennes, bi-
sexuelles ou simplement en manque de
sensations fortes ; il y en avait pour tous
les goûts.

Nous étions excitées de les voir se caresser, seule, en couple, dansant
lascivement, enlevant vêtement par vêtement... Quelques-unes étaient masquées,

certaines par fétichisme, d'autres étaient seulement là pour le voyeurisme. Jusqu'à ce que nous recevions ce message privé :

« Bonjour Andrée et Michèle ! Comment aimez-vous votre soirée jusqu'à maintenant ? »

Je regardai Dédé, sceptique et effrayée sur l'origine de ce message...

— Nous ne fonctionnons qu'avec les surnoms... non ? demanda Andrée inquiète.

— Je crois que oui... Serait-elle l'une de nos connaissances ? répliquai-je avec assurance pour ne pas l'alarmer davantage.

— Sûrement, allons chercher sa caméra, ouvrons le microphone et essayons de deviner ! me dit-elle en répondant positivement à ma question.

— SexyChat est son surnom et le nom de l'adresse Internet, sûrement la propriétaire du site. Celle qui nous a envoyé cette invitation ! dis-je en essayant de me rassurer moi-même !

— Voyons qui c'est.

Sa curiosité était déconcertante…

SexyChat était masquée, donc impossible de voir qui elle était, mais sa voix nous était familière. Après une demi-heure, je n'écoutais plus ce qu'elles disaient. Je regardais plutôt Andrée, le mystère l'excitait au plus haut point. Je pouvais sentir ses effluves fébriles, l'augmentation de son pouls, ses seins durcissaient au fur et à mesure que leur conversation avançait.

— Mitch, regarde… dit-elle en me faisant sursauter par la même occasion, j'étais concentrée sur autre chose. Elle va nous faire un spectacle ! s'écria-t-elle, excitée.

Installées confortablement devant l'écran qui était sur la table de salon, moi sur le divan, la jupe retroussée, les jambes écartées et Andrée assise sur des coussins à mes pieds, nous regardions cette divinité se déhancher avec grâce et érotisme.

Je caressai doucement ses cheveux, comme je l'aurais fait normalement et que je le faisais régulièrement, mais la sensation n'était pas la même cette fois-ci. Nous étions célibataires depuis très longtemps, le climat décontracté, les vêtements sexy, la boisson, un show sensuel privé...

— Hum... Tout pour s'enivrer de désir ! murmurai-je à son oreille.

Je me rapprochais pour mieux inhaler ses effluves parfumés. Je fermais les yeux pour savourer ce moment, mes seins gonflés d'envie effleurant son cou, mes petites mains vagabondant dans sa longue chevelure... Je descendis vers ses épaules pour commencer à les masser...

— Oups ! (Un malaise vint interrompre cet instant de plaisir, j'arrêtai.) Désolée ! lui dis-je, embêtée.
— Non Mitch, continue, c'est bon ! me dit-elle doucement.

Ni l'une ni l'autre ne s'occupa des caméras ou des exhibitionnistes au petit écran... Je me remis à masser doucement ses épaules, son cou et son cuir chevelu.

Gentiment, je lui caressai la joue sur mon passage, la faisant réagir d'un soupir.

Sa peau était duveteuse, je pouvais sentir les frissons que je lui octroyais et je sentais ses vibrations de désir grandir au fil de mes caresses. L'attraction mutuelle était douce mais effrayante, les deux à la fois.

Je voyais sa poitrine gonflée et gorgée de plaisir, je sentais son impatience s'affiler au fur et à mesure que mon envie augmentait. Je distinguais le bout de ses seins sous son vêtement.

Le latex, lisse et lustré, dévoilait parfaitement ses formes, moulant et rehaussant ses attributs à merveille ; ses seins fermes et ronds, sa peau lisse et délicieuse, son corps athlétique et svelte : « Je la désire ! » me dis-je.

Le massage tranquillement se transforma en tendres caresses. Mes mains douces entreprirent de cajoler le haut de sa poitrine, mis en évidence par son dos cambré, la tête vers l'arrière appuyée sur mes seins, je devinais sa soif charnelle. Je voyais une goutte de sueur descendre entre ses formes suintantes par le latex et la chaleur qui régnait dans le salon.

L'ambiance était brûlante. Mon petit nez fureteur inhala son parfum aphrodisiaque, mes mains continuant les tendresses, frôlant ses parties sensibles juste pour attiser davantage cette passion montante et engendrant la chimie entre nous deux.

Ses doigts se mirent à rôder sur ma peau rendue moite par mon jeu aguicheur, ils entreprirent de caresser mes bras, doucement frôlant mon buste pour aller s'emmêler dans ma chevelure... Ses bras vers le haut laissaient le champ libre de sa poitrine.

J'effleurais ses voluptueuses formes sans les toucher vraiment... Les frissons l'envahirent... L'impatience et l'attente étaient souffrantes mais mes doigts furtivement passèrent à son dos et détachèrent le lacet de son bustier... Le bout de ses seins durcis par la convoitise et l'envie, n'attendaient que moi pour les libérer de leurs étreintes.

Elle me caressait les jambes doucement le temps de la délacer. Elle se tourna pour me faire face, agenouillée entre mes jambes, sa poitrine pointée vers moi :

— Et puis, ça te dit ? me dit-elle avec une curieuse assurance.

— Viens ici... lui répondis-je en caressant sa joue.

Devant moi, elle se mit à me caresser les chevilles, jouant le même jeu aguicheur, motivant tranquillement le long de mes mollets et puis mes cuisses, pour y remonter lentement ma petite jupe rouge... Ma peau bronzée, recouverte de sueur sous la chaleur de l'ambiance, laissait le latex glisser sur elle.

Ses petits doigts habiles se mirent à câliner subtilement mon entrejambe, caressant chaque fragment de peau avec sa joue, je pouvais sentir son souffle chaud sur mes lèvres gorgées de pulsations.

Accotée confortablement dans le dossier du divan, les mains dans sa chevelure, je sentis sa langue humide chatouiller ma perle gonflée d'impatience, « ouf ! » je soupirai... Elle me regarda avec un fugace sourire malicieux et, restant en place, elle introduisit son petit doigt en moi et gentiment palpa l'endroit le plus sensible de mon anatomie, me faisant suinter et vibrer de la tête aux pieds.

Sa langue entreprit de déguster ce minuscule bourgeon excité et prêt à exploser de jouissance, mais la lenteur à laquelle elle savourait ce festin ne mit que plus de voracité à ma jouissance. Dans ma satisfaction, je me redressai, lui remontant le menton à mon niveau, ses seins appuyés sur les miens, un baiser ici et là, inhalant mutuellement nos effluves aphrodisiaques, lentement les vêtements tombèrent un à un, dans une danse lascive et sensuelle ne laissant rien sans caresses.

Elle s'étendit sur les coussins le dos arqué, ma langue chaude enroula subtilement sa poitrine durcie de désir, pour divaguer ensuite sur son ventre lui procurant des frissons de plaisir. Mes doigts irradiants d'énergie érigèrent le duvet de son corps en frôlant sa taille et ses hanches.

Le nez fouineur à mon tour, je l'aguichai de la chaleur de mon souffle et légèrement humidifiai le bord de ses lèvres de ma langue brûlante et assoiffée de désir... Elle trépida...

Mes sensuelles lèvres se déposèrent sur son bulbe de plaisir déjà arrosé d'élixir d'impatience pour l'exciter davantage avant de m'introduire en elle. Ma langue chaude goûta, d'un mouvement de va-et-vient, à cette essence velouteuse qui émanait de la voûte d'exultation.

Pour compléter le duo de satisfaction, ma langue revint au petit bulbe délaissé pour quelques instants pour en savourer les pulsations et mon doigt s'introduisit délicatement en elle, gentiment taquina son coussin intérieur pour en extraire le fruit de la passion... Elle éclata dans une jouis-

sance fiévreuse incontrôlable. Le salon ir-
radiait de notre passion, je pouvais sentir
qu'elle n'attendait que ça... Je la regardai
avec un sourire de ravissement, elle se re-
tourna et me dit :

— Nous avons oublié les caméras ! dit-
elle toujours essoufflée et ricaneuse.

— Elles nous ont sûrement omises... Il
y avait beaucoup de monde ! dis-je en véri-
fiant les ordinateurs.

— Nous leur en avons mis plein la vue
en tout cas ! me répondit-elle en riant.

— Nous ne savons toujours pas qui est
cette SexyChat ? demandai-je intriguée.

— Je crois savoir... me dit-elle en venant s'asseoir à mes côtés.

Elle m'avoua que je lui plaisais depuis
notre première rencontre, mais qu'elle était
incertaine de mon orientation, de ma réaction et qu'elle en avait glissé un mot à la
propriétaire du club de gym où nous nous
entraînions. Andrée prit place au clavier :

— Sexy, avez-vous apprécié le spectacle ? écrivit-elle en message privé.

— Avec l'aisance que vous avez démontrée ce soir, vous avez battu le record d'affluence sur vos caméras !

Sexy avait apprécié et Andrée, pour tester, lui demanda :

— On se voit au club de gym demain alors ! Nous pourrons en discuter davantage !

Avec un rire narquois, Andrée clôt la discussion.

— Hum... fut la réponse de Sexy.

— Comment avez-vous su ! dit-elle.

— Jeannine, ta voix Jeannine », répondit Andrée.

Nous continuâmes notre discussion avec madame SexyChat... ou plutôt Jeannine du gymnase ! Nous étions sa source inspiration longuement mûrie : voyant que la gêne me séparait d'Andrée, et la majorité de la gent féminine ayant le même problème, elle avait eu l'idée de démarrer un site Internet permettant aux femmes de fantasmer à leur guise sans contraintes, dans l'anonymat et dans le confort de leurs demeures. Elle avait eu la charmante idée de nous y inviter, sachant bien que nous étions inséparables.

Aujourd'hui, le site SexyChat.com est le plus visité par les femmes du monde entier. Jeannine est toujours propriétaire du gymnase et Andrée et moi ne sommes plus voisines de palier... nous vivons ensemble maintenant.

Et voilà la petite histoire qui a mis de la vie dans ma vie... Et qui sait, peut-être qu'un jour, ce sera votre tour.

L'inconnu

Comme tous les week-ends, ma copine Lyne et moi organisons une petite soirée relaxe entre filles. Nous sommes toutes deux mères célibataires depuis plusieurs mois et nos enfants sont partis chez leurs papas.

Je suis une femme plutôt réservée, timide et simple, tandis que Lyne est plus bohème et excentrique que moi.

Normalement, le vendredi, nous nous appelions et décidions de l'endroit de rencontre à tour de rôle. À chaque rendez-vous, nous devions apporter quelque chose d'original : de la lingerie, un chapeau, un beau vêtement ou un nouveau jouet féminin et nous devions en faire le sujet de conversation de la soirée.

Ce petit jeu nous changeait du quotidien, des responsabilités parentales qui nous accaparaient toute la semaine et donnait un peu de fantaisie à nos vies monotones. C'est comme ça que mes petites épopées nocturnes ont commencé...

Nous étions à la mi-juin, il faisait exceptionnellement chaud pour cette époque de l'année et c'était la veille de mon anniversaire. La semaine de travail avait été bien remplie sous une chaleur écrasante et la bouche d'aération ne fonctionnait pas : la semaine avait été écrasante.

C'était à mon tour d'indiquer l'endroit de la rencontre de samedi. Comme d'habitude, j'agrippai le téléphone :

— Oui, allô ?
— Salut Lyne, comment vas-tu ?
— Très bien et toi !
— Épuisée mais bien ! Pour notre soirée de demain... la météo annonce une journée très chaude, humide et ensoleillée, que dirais-tu d'aller souper sur la terrasse du Bistro 1967 sur Saint-Charles et par la

suite d'aller sur le bord de la rivière, près de la marina ? Ce serait bien, non ?

— Parfait, tu décides, c'est ton tour et c'est *ta* journée demain !

— Ah ! ne dis rien, je t'en prie ! Vieillir est normal mais vieillir seule ne l'est pas !

— À plus alors !

— À demain même heure !

Les enfants partis, la maisonnée était bien paisible. Je passai une petite soirée tranquille avec moi-même. Matinale, comme toujours, je fis ma routine habituelle : ménage, lessive, époussetage et magasinage !

« Que vais-je acheter pour ce soir ? Je me sens belle et radieuse aujourd'hui malgré une année de plus ! Je sais... Où sont les boutiques de lingerie fine ? »

Je passai mon après-midi à me charmer devant les miroirs des boutiques érotiques.

De retour à la maison, je sautai dans la douche, excitée et anxieuse de montrer mes nouvelles acquisitions à ma camarade !

Maquillage, coiffage et habillage...
j'enfilai les délicats dessous de satin rouge
et mis une petite robe simple mais révéla-
trice à souhait ! L'heure était arrivée.

Je me rendis au Bistro comme prévu. Je
pris un cognac attendant patiemment que
Lyne pointe le bout de son nez ! Mais une
heure plus tard, elle n'était toujours pas
arrivée... aucune réponse sur son cellulaire
ou chez elle... Je commençai à
m'inquiéter.

La journée avait bien débuté pourtant et
là, je me retrouvai assise à une table de
bistro, morte d'inquiétude pour ma copine
qui m'avait posé un lapin, et seule et le
jour de ma fête de surcroît.

La soirée commençait bien ! Je com-
mandai un autre verre. Un silence effrayant
envahit la terrasse laissant le sifflement du
vent comme musique de fond. Un homme,
de bonne stature et masqué, fit son appari-
tion.

Il était vêtu d'un pantalon de coton noir ample agencé d'une chemise de soie qui moulait parfaitement sa carrure. On ne voyait que ses yeux et le bas de son visage sous le masque.

Il avait le teint cuivré et un menton décemment rasé. Un bref frisson charnel se fit sentir le long de ma colonne lorsque son regard accrocha le mien. On pouvait voir ses yeux briller de mille feux sous le masque... La profondeur de son regard me fit rougir.

Une musique enivrante se mit à jouer... *Ma* chanson pour être plus précise. D'un air décidé et confiant, il s'approcha de moi comme s'il me connaissait, s'agenouilla devant moi, me tendit un lys blanc et me dit dans un doux murmure :

— Pour la plus belle des femmes en ces lieux, Elly ! Un anniversaire ne se passe pas seul ! M'accorderiez-vous cette danse ?

Il avait une voix profonde, calme et rassurante. Il me connaissait ! Il avait dit

« Elly » ! Il savait que je n'aimais recevoir qu'une seule fleur ! Il savait que le lys blanc était ma fleur favorite !

Mais qui était cet inconnu ? Une manigance de Lyne ? Embarrassée mais curieusement attirée par son charme, je lui répondis d'une voix chancelante et incertaine :

— Avec plaisir...

Il me tendit la main par politesse et, tel un gentleman, m'aida à me lever. Sa main brûlante se déposa sur ma joue, la caressant comme si la chaleur de ma peau satinée était l'issue d'une longue attente. Son corps irradiant de vibrations se colla au mien, encore incertain de la réaction à adopter.

Il me prit dans ses bras passionnément, comme dans un rêve se réalisant. Nous nous engageâmes dans une danse lascive au rythme de cette musique que j'aimais tant.

— Qui es-tu ? demandai-je gentiment

— Ta nouveauté de la soirée, chère Elly ! répondit-il. Je suis le cadeau
d'anniversaire ! poursuivit-il.

Me laissant emporter par la magie de
l'inexploré, nos corps s'harmonisant si
agréablement, le synchronisme de nos vibrations corporelles s'accordant si
merveilleusement, sa chaleur enveloppante
me réconfortait.

Je sentais sa masculinité augmenter au
rythme de la musique, mon parfum enivrant allumait tous ses sens. Ses effluves
virils ne me laissaient pas indifférente. Je
n'ai pas eu de relation depuis des mois et le
mystère qu'il émane embrase tous mes
sens.

— Mais qui es-tu ? demandai-je encore.

— Celui que tu attends… répondit-il
avec un sourire éclatant.

Ce jeu de séduction ne dura qu'une
danse mais fut si intense que je dus aller
me rafraîchir à la salle de bains.

J'étais bouleversée mais excitée. Son visage, ses lèvres fines, sa voix douce, son teint cuivré, son odeur aphrodisiaque, son sourire étincelant et ses yeux... des yeux profonds et chaleureux à faire fondre toutes les femmes croisant son regard. Je le connaissais, j'en étais sûre !

De retour à la table, une bouteille de vin rouge m'attendait. Nous avons eu un merveilleux souper, faisant connaissance. Il évitait les conversations trop intimes l'impliquant directement. Nous attisions et allumions impassiblement une flamme passionnelle, nous touchant, nous caressant, nous inhalant mutuellement.

Le soir venu, tel que prévu, nous allâmes sur le bord de la rivière. Le soleil s'y couchait doucement pour laisser place à un magnifique tapis étoilé.

Nous étions étendus sur une couverture, admirant le firmament, bercés par la douce musique de l'eau dévorant lentement les rochers grugés par l'érosion du temps.

— Pourquoi te caches-tu ? demandai-je perplexe. De quoi as-tu peur ?

— Mais de toi Elly !

Sur ces mots, son corps embrasé contre le mien, lui me caressant la joue de sa main brûlante, ses lèvres se déposèrent sur les miennes pour un premier échange de fluides passionné.

Tous mes sens s'allumèrent, ivre d'aventure et de désir charnel, je me laissai porter par la vague de passion, mon pouls battant à un rythme effréné. Ses mains vagabondèrent au gré de la brise fraîche révélant mes jolies courbes sous ma robe.

Ses lèvres se délectant de ma peau soyeuse, il voulait faire durer le plaisir... Dégageant mes épaules de mon vêtement avec son nez, je sentis sa virilité se déchaîner à la vue de la délicate dentelle rouge de mes dessous...

— Je te désire depuis le premier moment où je t'ai rencontrée, joli chandail jaune ! murmura-t-il entre deux soupirs.

Je lui souris en découvrant cette vérité. Mes seins durcis et impatients de désir, langoureusement dévêtus par ses doigts habiles, il descendit le long de mon cou en baisers furtifs et caresses légères.

Ma lingerie le ravit, sa langue effleura ma peau moite et frissonnante, ses doigts gentiment détachèrent mon soutien-gorge dégageant mes seins de leur enlacement.

Sa bouche, assoiffée d'essence charnelle, s'attarda brièvement sur chacun des seins pour ensuite poursuivre sa descente sur mon ventre vibrant d'anxiété.

Ses mains caressant mes cuisses, subtilement se glissèrent sous ma robe, le tissu soyeux de ma petite culotte le fit saliver. Il la releva de ses mains, ne laissant aucune parcelle de peau sans caresse.

Maintenant agenouillé entre mes jambes, il déboutonna sa chemise admirant mes formes voluptueuses. Je me levai pour l'aider.

Embrassant chaque partie de son corps doucement découvert, je descendis à mon tour au rythme des boutons à défaire. Je sentis son désir s'élever sur mon corps à la cadence de mon incursion. Son pantalon gonflé d'envie n'attendait que moi pour tomber. Ce que je fis !

Effleurant sans toucher, je le caressai délicatement, son membre suppliant que ce martyre cesse. Ma bouche pulpeuse ouvrit, pour lui, ma gorge et ma langue ardente enroba son engin meurtri par l'impatience et le désir ardent pour un soupçon de soulagement.

Le mouvement langoureux de ma tête étouffa sa gêne pour un moment, un bref son de plaisir se fit entendre. Ses doigts emmêlant la soie de ma chevelure, son instinct prit le dessus pendant un instant.

Ses mains prirent ma tête pour un baiser qui me fit fondre de passion... Je me retrouvai sur le dos, comblée de tendresse et de caresses.

Doucement il poussa ma culotte pour découvrir enfin mon sexe embrasé. D'un geste tendre, il écarta légèrement mes lèvres gonflées d'envie pour découvrir l'endroit le plus vulnérable de mon corps.

Sa langue chaude et humide discrètement se faufila entre elles et me fit sursauter un instant avant que je ne cède au plaisir. Ses doigts sournois se mêlèrent au plaisir et se glissèrent en moi pour perler ma jouissance. Il me sentit vibrer... comme par de petites étincelles, mon corps fut enflammé. Mes peurs et mes craintes tombèrent et c'était à lui maintenant de souffrir.

À son tour couché sur le dos, je ne laissai aucune partie sans caresse. Ma bouche fut son pire supplice, mouvements languissants et profonds l'amenant au bord de l'extase sans toutefois le contenter, un jeu que j'adore, sa douleur fut tel un volcan avant l'éruption.

Je me relevai pour le chevaucher. Doucement il pénétra en moi, ma chaleur enveloppant la sienne, mon essence de jouissance facilitant son passage, le soulagement de notre torture fut une extase, une éruption de plaisir dans toutes ses formes. Notre martyre fut récompensé en une fusion d'élixir de vie.

L'odeur de la rive, le feuillage dansant au rythme du vent et du spectacle de lumière incroyable avec ces petites boules enflammées, des étoiles filantes... Je me blottis dans ses bras, une flamme s'empara de mon cœur ce jour-là !

— Pourquoi te caches-tu jeune inconnu ? Pourquoi as-tu peur de moi Alex ?
— Hum ! Comment sais-tu ?
— Le chandail jaune... Tu es le seul au bureau à me complimenter sur ce chandail !

Pipe 101

Comme d'habitude, tu arrives à l'improviste, une bouteille de vin à la main, un sourire radieux illumine ton visage :

— Que se passe-t-il ? demandé-je curieuse.

— Tu m'as manqué... Ce voyage a été trop long... me réponds-tu.

Tu déposes la bouteille sur la table et tu me prends dans tes bras pour un long et délicieux baiser à me lever de terre.

Après un succulent repas et diverses conversations sur la pluie et le beau temps, les discussions se réchauffent à mesure que le vin fait tranquillement son effet... Et le salon est plus approprié pour la suite des événements.

Je me blottis dans tes bras démesurés pour y retrouver la sécurité, le plaisir de me sentir femme... Tes effluves masculins éveillent mes sens jusqu'ici calmes et paisibles !

Une bise ici et là, avec de tendres caresses un peu partout, un morceau de vêtement qui s'envole... et un autre... puis un autre... et oups... étendu sur le dos... tout nu, tu te laisses bercer par mes câlineries, mes lèvres t'inondent de passion et de vibrations pendant que mes délicates mains te couvrent d'huile essentielle odorante. Je commence par masser tes épaules, pour passer à tes gigantesques bras, à tes mains, je continue avec tes pectoraux... Le massage se transforme...

Submergé de tendresse, mon nez fouineur s'en mêle, inhalant le moindre fragment de peau pour y savourer tes émanations viriles. Un vrai délice pour mes narines.

Étendue sur toi, je resserre mes bras pour t'enlacer, appuyant ma poitrine sur ton bas-ventre, glissant subtilement vers le bas, j'étreins gentiment ton membre huileux entre mes seins pour te donner un avant-goût de ce qui va suivre.

D'un mouvement lent mais constant, mes petites mains te serrent en étau sur ma peau satinée, la chaleur lubrifiée que je dégage te fait trembler. Effleurer mon menton à l'occasion sur le bout jusqu'au milieu de ma poitrine t'extirpe un soupir de plaisir...

Mes babines pulpeuses et chaudes se déposent sur le bout de ton gland pulsant de rapacité. Ma langue désireuse s'enroule sur ta virilité, accompagnée de la chaleur de mon souffle qui te fait frémir à nouveau.

La douceur de ma bouche n'effleure que les parois de ta masculinité t'arrachant un court soupir de ravissement...

Habile et langoureuse, ma langue vague subtilement vers le bas de ta verge suivant le rythme des martèlements d'agacement de ton engin.

Mes lèvres t'enveloppent dans une délicieuse étreinte et mon petit coussin moelleux remuant de haut en bas semble magnifiquement synchronisé avec le plaisir qui monte en toi.

Tout au fond de ma gorge avalant ta masculinité dans un mouvement continue de va-et-vient, tu me murmures :

— Hum... c'est bon...

Mes mains brûlantes te cajolent du torse aux jambes, te faisant trembler de tout ton corps. Ta jouissance approche mais mon appétit n'est pas rassasié... Je ralentis le tempo, reprenant mon souffle. Tous mes sens sont excités par ta convoitise.

Mon profond regard croise le tien, dur et excité au maximum. Je te souris sournoisement et je dépose de légers baisers en soufflant une suave brise à coups de langues occasionnels pour enivrer davantage l'atmosphère…

Mes minuscules doigts se joignent à la partie, en dénudant l'extrémité et glissant délicatement sur tes petites billes qui se tortillent d'agrément. Sous la chaleur de mes mains, ton corps vibre de satisfaction.

— Délicieuse impatience, soupires-tu. J'ai envie de toi, continues-tu.

Poussant mon audace encore plus loin, je te frôle du bout de mes doigts sans jamais vraiment te toucher. Je continue mon excursion jusqu'au fessier qui se soulève par délice pour un doux massage.

Mes mains soyeuses et habiles câlinent ta musculature avec passion, ce qui dresse ta toison. Un jeu insupportable mais agréable… un chatouillement allumeur.

Me centrant lentement vers ton fessier, de ma main, j'huile tout sur mon passage, ma langue chaude furtivement suit et s'enroule sur tes infimes sphères les aspirant gentiment.

Mes lèvres moites et salivantes remontent le long de ton membre gorgé de désir. Je sens ton pouls augmenter en cadence à ma progression.

Tes mains se promènent dans ma chevelure, sur mes joues... Tu m'attires vers toi pour déposer un baiser passionné sur mes lèvres avides de toi...

Ma peau satinée glissant sur la sueur et l'huile recouvrant ton corps viril, je descends doucement ne laissant aucun fragment de peau intouchée ou embrassée. Le dos voûté, les yeux partis, la tête en arrière...

Tu savoures le moment, tu sens mes courbes voluptueuses sur les tiennes, ma tête et mes mains descendent langoureusement, je m'attarde à serrer ta masculinité entre mes seins, le mouvement de balancement exécuté t'excite davantage et t'extirpe une brève jouissance. Et l'incursion continue…

Mes doigts agiles descendent, faisant frissonner toute ta peau et massent subrepticement l'antre prostatique, ma bouche brûlante tournant autour de ton extrémité… Tu te tortilles d'avidité, d'impatience :

— Prends-la… prends-moi… Ah ! exiges-tu, agonisant.

La réponse à cette invitation ne se fait pas attendre. Simultanément, mes lèvres engouffrent ton sexe avec appétence et mes petits doigts s'enfoncent délicatement au centre de ton gîte d'exaltation…

Le duo te fait frémir de tout ton corps, un son sourd venant de ton « toi » profond… Tu adores. Ma langue suit le mouvement de ma main qui va de haut en bas tout au fond de ma gorge, mes lèvres t'enveloppent d'une chaleur intense, une légère succion l'accompagne. Mon autre main, quant à elle, roule et masse ta petite protubérance si bien dissimulée…

Tu te tords de tous bords, tous côtés, le souffle court... Ton regard bestial sur le mien, tes mains s'emparent sauvagement de ma chevelure pour accélérer la cadence, le visage crispé, le bas de ton corps torsadant dans tous les sens, ta jouissance arrive en une explosion de lave blanche, spasmes et convulsions de satisfaction finissent en un sourire de contemplation totale...

— Tu es magique... murmures-tu dans un soubresaut.
— J'adore... hmm, dis-je en remontant doucement.

Je me tapis dans tes bras, pour retrouver la béatitude et l'assurance que tu me procures et on s'endort tranquillement.

Le collègue

Ce fut par une belle soirée de printemps, la température était très clémente pour cette période de l'année, que je fis sa connaissance. Nous travaillions au sein de la même entreprise mais sur des étages différents.

Lui travaillait dans le département de recherche et développement, je n'avais donc pas l'occasion de le croiser fréquemment ; il était par ailleurs très timide et se rendait invisible le plus souvent.

Avant même de rejoindre cette équipe, je me retrouvais régulièrement sur cet étage, Patty étant l'une de mes plus anciennes et fidèles amies.

Étant moi-même communicative, expressive et enjouée, je ne passais pas inaperçue ! Patty connaissant mes qualités et mes compétences, elle me demanda de me joindre à leur équipe.

Après quelques mois, nous avons été invités à un souper pour le départ d'un employé de l'autre palier avec qui je discutais régulièrement.

Normalement je n'étais pas attirée par ces petites fêtes, je fis une exception malgré le mécontentement de mon copain. Pour l'occasion, j'étais vêtue d'un chandail blanc moulant et au centre, une alvéole dévoilait le haut de mon buste, épousant et révélant mes formes voluptueuses. Ce haut était accompagné d'un pantalon de coton noir de style classique et sobre, mais bien agencé au chandail.

Au restaurant, quelques tables avaient été réservées pour l'occasion ; j'arrivai avec quelques-uns de mes collègues et nous rejoignîmes le groupe au balcon.

Nous n'étions pas moins de vingt personnes : Julien, Michèle, Patty, Carole,

Stéphane, Étienne et plusieurs autres que je ne connaissais pas personnellement, seulement de vue !

Lors des présentations, je remarquai et reconnus cet homme assis au bout de la table. Il avait une bonne stature, des cheveux foncés comme le charbon, le regard profond, un teint de plein air et un sourire rayonnant à faire craquer toutes les femmes !

« Première fois que je le vois sourire », pensais-je, surprise.

Il était vêtu d'un tee-shirt blanc, d'une chemise grise et d'un pantalon noir à la mode.

Les départements de recherche et de comptabilité finissant toujours une heure plus tôt que nous au service technique, plusieurs d'entre eux avaient une longueur d'avance et quelques verres de plus derrière la cravate, lui compris. De ce fait, il se présenta lui-même.

Son enthousiasme était déconcertant, me rappelant qu'il était celui qui, tout au fond du département de recherche, ne parlait jamais et se cachait derrière son écran d'ordinateur chaque fois que je passais par là !

— Tu es cette jolie fille qui passe devant nos bureaux pour aller à la comptabilité ou pour voir Patricia au marketing ! me lança-t-il avant même que j'aie eu le temps de lui dire mon nom.
— Oui, je suis celle que tu dis *jolie*, je me nomme Julie ! répondis-je effarouchée.
— Je sais qui tu es ! répliqua-t-il simplement.

La boisson avait évidemment dénoué sa timidité et sa langue. Il me surprit avec ses avances non subtiles, ses compliments continuels et ses tentatives d'approche maladroites. Je trouvais ça flatteur mais un peu embarrassant !

Mes collègues de travail se firent un plaisir de me taquiner et voyant mon embarras, Mike se fit une joie de continuer ; Mickey étant son vrai nom !

J'ai travaillé toute ma vie dans le public et je me considère très ouverte, sans gêne et possédant beaucoup d'entregent mais quand vient le temps de parler de choses personnelles et de ma vie privée, ma bulle est restreinte, je deviens très difficile d'approche et sur la défensive...

Je rétorquais à toutes ses avances, ce qui alluma la conversation ou plutôt devrais-je dire, embrasa la discussion ! J'étais mystérieusement attirée par cet homme et c'était évidemment mutuel !

Je passai une excellente soirée et je dus partir quand nos chauds débats empruntèrent un terrain glissant et auraient pu devenir dangereusement charnels...

Je sortis de peine et de misère, mon corps ne répondait plus, tous mes sens étaient en alerte, des sueurs de désir coulaient doucement dans mon dos.

Nos propos n'étaient pas si déplacés mais le désir, l'attente et l'envie qui émanaient de ses yeux, de son regard, de son corps tout entier me déroutaient et ne me laissaient pas indifférente !

J'essayai de me résonner et revins à la maison ne sachant plus quelle attitude prendre avec mon copain ! Pas trop compliqué, il m'attendait avec une brique et un fanal !

Après la longue dispute quotidienne, je me ramassai seule pour le reste de la soirée. Je fantasmais toute la nuit sur ce nouvel ami et me questionnai sur son inhabituel comportement de la soirée.

Le week-end fut horrible : hormis les disputes, une remise en question sur ma relation s'imposa. Plus de trois ans maintenant et je pouvais seulement faire ce qu'il me dictait et, comme de raison, seulement avec lui…

Donc j'oubliais les sorties entre amies et ces petites soirées cinq à sept après le travail, de là la dispute de vendredi d'ailleurs ! Je n'en pouvais plus... Mais, patiente comme je suis, je dus endurer deux autres mois avant de mettre un terme à cette mauvaise relation. Disons que mon impatience avait été attisée par un ami.

De retour au boulot le lundi suivant, je ne me sentais pas très bien. Normalement très enthousiaste et vibrante d'énergie, ce matin-là l'amertume et le silence étaient bien évidents. Bien entendu, l'inquiétude de mes collègues était palpable :

— Qu'y a-t-il Julie ? demanda Stef d'une voix douce. C'est encore ta brute ? Que t'a-t-il fait encore ? Tu devrais le laisser tomber, il ne changera jamais et puis tu mérites mieux que lui. Il ne te respecte même pas ! me dit-il d'un ton plus ferme.

— Peut-être mais bon... je ne veux pas en parler s'il te plaît, murmurai-je.

— Regarde autour de toi, il y a beaucoup mieux et avec les chaudes discussions de vendredi dernier, nous en doutions mais là nous en avons eu la confirmation ! Mike est fou de toi Julie, et depuis longtemps !

— Il était ivre mort, Stef ! Comme tout le monde d'ailleurs ! Il ne se souviendra de rien. Si par hasard c'était le cas et que je le rencontre, au lieu de se cacher derrière son écran, il ramperait sous une table, voyons ! répondis-je avec nonchalance.

— Si tu le dis... mais avec ton caractère intimidant, attends-toi à mettre certains hommes mal à aise et Mike ne parle jamais aux femmes, mais cette fois, il nous a tous surpris. La boisson est en cause, certes, mais pour qu'il agisse de cette façon avec toi, il y a quelque chose, c'est certain ! me répondit-il sûr de lui.

Nous étions dans la dernière semaine de mai, et bien entendu c'était la fin de l'année fiscale... J'aurais des heures supplémentaires à faire d'ici le week-end. J'aurais donc la chance de voir Mike, je devais aller à la comptabilité.

Bonne occasion de prouver mon point de vue et de clore cette divergence d'opinion avec Stef ! L'occasion se présenta très rapidement.

En entrant dans le département de recherche, une étrange sensation se fit sentir. La pièce tomba dans le silence aussitôt le seuil de la porte franchi.

On pouvait y entendre une mouche voler ! Mal dans ma peau, tous les yeux étaient rivés sur moi... C'était moi là qui voulais ramper sous une table ! Pour adoucir l'atmosphère, je pris l'initiative de lancer une blague :

— N'ayez pas peur, ce n'est pas le patron... Je ne fais que passer !

Plusieurs partirent à rire et l'ambiance revint à la normale... Perplexe, je traversai la pièce d'un bond.

Au fond, Mike était là, vêtu d'un tricot de coton rouge sang et d'un pantalon noir moulant parfaitement ses formes. Ses cheveux courts et bien dressés, son teint bronzé, un menton bien rasé, grand et bien proportionné : son allure me noua l'estomac.

Normalement, je passais et c'était tout, mais cette fois-ci, il me regarda droit dans les yeux, me sourit et me dit :

— Bonjour jolie dame !
— Bon... Bonjour Mike ! répondis-je et je me précipitai dans l'autre pièce.
« Pourquoi ne l'ai-je jamais remarqué ? » me demandai-je.

J'eus l'impression d'être déshabillée du regard, son sourire charmeur me fit fondre comme neige au soleil, l'augmentation de mon rythme cardiaque, mon entrejambe humide et gorgée d'envie, mes seins gonflés et durcis, des vibrations plaisantes se faisaient sentir dans chaque partie de mon corps, mon ventre hurlant de désir.

Mes émotions se bousculaient... Je dus me rendre d'urgence aux toilettes des dames !

J'évitai ce département le reste de la journée. J'étais restée bouleversée et rêveuse mais ma tête bourdonnait de questions. Je dus passer par la porte arrière de l'édifice pour retourner à mon bureau où un courrier électronique m'attendait :

— C'est de Mike ! m'exclamai-je tout haut.
— Je te le dis Julie... J'ai raison ! me répliqua Stef avec une voix ricaneuse.
— Ferme-la Stef, dis-je pour lui clouer le bec.

Le courriel disait :

« Bonjour jolie Julie,
J'ai cru remarquer que tu m'avais évité toute la journée. Je suis désolé de t'avoir intimidée vendredi dernier. Je n'étais pas moi-même.

Pourrais-je avoir la chance de me rattraper en t'invitant à un simple dîner ? Ce serait une bonne occasion de mieux se connaître et, qui sait, nous pourrions devenir de grands amis !

En attente de ta réponse,

Mike xxx »

« Un simple dîner ? pensai-je. Pourquoi pas, ce n'est qu'un ami après tout. Et puis, je pourrais lui poser les questions qui me chicotent, ce n'est qu'un homme après tout ! »

Je répondis affirmativement à son offre et lui suggérai le point de rencontre du lendemain.

L'avant-midi fut des plus longs et Stef ne cessa pas de m'agacer rendant mon angoisse incontrôlable.

L'heure arrivée, je me fis discrète et m'en allai à ma voiture. Mais rendue dans le stationnement, Mike m'attendait, la portière ouverte. Je lui fis un sourire et tel un gentleman, il attendit que je sois assise confortablement pour la fermer.

Un malaise se fit sentir, une chaleur accablante envahit la voiture, je percevais ses effluves enivrants, excitée mais incertaine de l'attitude à prendre ou des mots à dire et je sentais que c'était réciproque ; il brisa la glace :

— Que dirais-tu d'aller sur une terrasse ? Ce serait plus agréable ? suggéra-t-il.

— Bonne idée, lui répondis-je doucement...

Je ne voulais surtout pas me retrouver seule avec tout ce qui me passait par la tête, il risquerait de se faire violer !

Arrivés au restaurant, nous prîmes place sur la terrasse. Ce resto était sur le bord du fleuve, la vue était extraordinaire ! Embarrassée et prompte comme je le suis, j'entrai dans le vif du sujet :

— Quelle était cette attitude, vendredi soir ? Tu m'as vraiment embarrassée ! demandai-je avec fermeté ! Que s'est-il passé ?

— Je... je m'excuse... Je suis désolé ! me dit-il d'un air angoissé en avalant sa salive. La boisson m'a donné la possibilité de te dire ce que je ressentais pour toi !

Un silence alarmant se fit. Je ne m'attendais pas à une réponse aussi franche et je voyais que je l'avais mis dans l'embarras et je ne voulais surtout pas que sa gêne lui lie les cordes vocales à nouveau... Il me plaisait !

— Je suis désolée mais tu m'as mise dans une situation malaisée et, surtout, je ne m'y attendais pas, du moins pas venant de toi !
— Malgré ton malaise, tu avais l'air intéressée ou je me trompe ? me dit-il avec un petit sourire de satisfaction et en fuyant mon regard.
— Disons que tu as suffisamment piqué ma curiosité pour que je sois ici aujourd'hui ! lui dis-je avec un petit sourire en coin pour apaiser les tensions et pour aguicher un peu ses sens.

Autant il avait été timide, gêné et confus autant il était, et est encore, déterminé, charmant et séduisant. Je venais de découvrir un nouvel homme !

L'ardeur qui émanait de son regard me faisait frémir, la chaleur de sa voix allumait tous mes sens, la passion de ses propos ouvrit la porte de mon imagination.

Je pouvais nous voir sur le bord de la plage ou au coin du feu se caressant et se provoquant mutuellement. J'imaginais son souffle enflammé dans mon cou, ses mains douces sur mon corps, sa virilité s'offrir à moi.

Je pouvais sentir la fébrilité dans sa voix, il me désirait autant que moi ; nous avons passé un merveilleux moment et il fut si agréable que nous remettions cette petite escapade au lendemain... midi !

De retour au bureau, Stef n'attendait que de nouveaux potins à raconter :

— Et puis... j'avais raison, n'est-ce pas ? me dit-il, ricaneur.
— C'est bon... tu avais raison, mais il est encore plus gentil et séduisant sans tous ces malaises, dis-je vaguement.
— *Yesssss* !

Et il s'en alla à son travail, fier de sa constatation.

L'après-midi fut plaisant, en rêvassant et soupirant...

« Où tout ça va-t-il me mener ? pensai-je. Hum ! je me sens bien, c'est le plus important ! »

Le soir venu, tranquillement plongée dans mes songes et faisant travailler mon imagination à plein régime, je me remis à fantasmer. Les yeux fermés, étendue sur le ventre, je pouvais sentir sa présence, son parfum aphrodisiaque enivrant la chambre et le trahissant.

Je portais une simple petite chemise de nuit de couleur rouge à travers laquelle on pouvait facilement deviner mes formes sensuelles.

Ma longue chevelure humide après un bain chaud rendait le chemisier translucide et on pouvait y apercevoir ma peau satinée frissonner. Il s'assit au bout du lit, le torse nu, me dévorant de ses yeux profonds.

Il prit délicatement un de mes pieds pour l'enduire d'huile et le masser. Je ressentais la chaleur émaner de ses mains. L'irradiation me fit frissonner... le massage de pieds se transforma en massage de jambes et...

— Dring ! dring !
Perpétuellement une dispute...

Le téléphone me fit sortir de mon fantasme. Mon copain me coupa mes envies... Encore une chicane n'aidant pas à la cause : je me remis à une vie de célibat. Malgré mes efforts pour sauver mon couple et les efforts de communication inutiles pour essayer de gagner son respect, je me suis vite rendue à l'évidence : on ne peut changer une personne et je n'avais aucun autre choix que de le laisser.

Pourquoi être malheureuse quand la vie est si courte et que j'ai droit au respect autant que les autres ?

Un dîner n'attendait pas l'autre que je…
non… nous nous mîmes à nous fréquenter
régulièrement. Nous étions devenus inséparables, les meilleurs amis du monde !

La passion grandit au fil des rencontres,
des conversations et l'envie de se toucher
devint insupportable.

Je pouvais sentir son parfum enivrant,
me transportant dans un fantasme éveillé,
le dévorant doucement du regard qui me
répondait de son sourire fondeur, affirmant
ainsi son désir le plus cher… Il me désirait,
je pouvais sentir ses vibrations malgré la
distance nous séparant.

Plus l'amitié s'installait, plus elle se
transformait… Plusieurs semaines
s'écoulèrent sans même que nous nous
touchions et un vendredi après-midi, par
une chaleur accablante, nous revînmes au
restaurant de notre première et embarras-
sante rencontre !

Nous étions accompagnés de quelques collègues. Malgré l'air climatisé, la chaleur était insupportable.

Après le dîner, nous décidions tous deux de prendre l'après-midi et après quelques verres sur une terrasse, sachant très bien les effets de la boisson, nos propos commencèrent à se réchauffer et à nous aguicher.

Je suis de petite stature, un mètre cinquante, quarante-cinq kilos toute mouillée, très bien proportionnée, chevelure châtaine longue et soyeuse, les yeux verts, pas une beauté mais fière de ma personne.

Je portais un chandail décolleté blanc translucide dévoilant la jolie dentelle de mon soutien-gorge, accompagné d'un pantalon trois-quarts de couleur taupe à taille basse, laissant dépasser les minces bordures de mon dessous.

Lui, un mètre quatre-vingt-quinze, cent kilos de muscles, cheveux noirs et courts, toujours bien rasé, les yeux de couleur noir charbon, un visage enfantin, un corps athlétique et aimant les sports extérieurs, il avait donc un teint hâlé !

Il portait une légère chemisette de couleur noire avec un pantalon sport beige et évidemment gonflé d'envie !

Il n'osait pas se lever ! Je me rapprochai de lui et m'assis à ses côtés, il était un peu embarrassé mais enchanté de mon initiative.

Il brisa la glace, déjà amincie par la chaleur torride de nos discussions quotidiennes, en retirant doucement la pince de ma longue chevelure pour les laisser tomber sur mes épaules moites de sueur.

Délicatement, il me regarda profondément dans les yeux, me caressant la joue du revers de la main, puis se rapprocha et posa sa joue contre la mienne pour me murmurer à l'oreille :

— J'ai envie de toi !

Et malgré la chaleur, un frisson de passion passa le long de ma colonne, comme lors de notre première rencontre… Il caressa ma douce chevelure, inspira profondément et me murmura à nouveau :

— Viens… suis moi ! certain de lui.

Il prit ma main, la déposa dans la sienne avec un baiser, me conduisit à sa voiture et m'amena à son appartement.

On pouvait sentir le désir et la passion grandir, l'inspiration charnelle était intense, mais la peur de mes sentiments me revint :

— Qu'attends-tu de moi ? lui demandai-je, effrayée par la réponse.
— Que tu sois et que tu restes toi ! me répondit-il souriant.

Arrivés chez lui, il m'offrit un verre que j'acceptai avec plaisir. Je le suivis à la cuisine et avant même qu'il ait eu le temps de se rendre au comptoir, se retourner pour me demander ce que je voulais, il se retrouva nez à nez avec moi et n'eut pas le temps de dire quoi que ce soit que je lui donnai un baiser passionné. Il me serra dans ses bras comme une récompense dûment souhaitée.

Il bouillonnait de passion, je sentais sa masculinité sur mon ventre vibrant d'anxiété. Il me souleva sans difficulté et m'assit sur la table, inhalant mes effluves… Doucement, il se recula pour me regarder.

Son regard était si intense que je me sentis dénudée, je fondais comme une chandelle à la chaleur d'une flamme ardente.

Jamais je ne m'étais sentie aussi petite, aussi jolie et aussi femme. Jamais personne ne m'avait regardée avec autant de passion et de désir :

— Mais que fais-tu seul et pourquoi me regardes-tu ainsi ? lui demandai-je.

— J'attends la bonne, celle qui saura me faire vibrer et ce que je fais, me répondit-il hésitant, je l'admire probablement...

Sur ces mots, il me prit dans ses bras pour m'embrasser comme jamais je ne l'avais été...

Assise sur le bord de la table de cuisine, les jambes entrouvertes avec lui appuyé sur ma féminité enflammée, son membre impatient rutilant, mes seins raffermis par sa passion et appuyés sur sa poitrine :

— Je te désire, marmonnai-je gentiment entre deux souffles.

Ses doigts vagabondèrent dans mes cheveux soyeux, je sentis sa main se déposer sur ma nuque et tranquillement la caresser. L'autre main délicatement me caressa le bras le long de mon corps et se permit d'effleurer ma poitrine, ce qui fit cambrer mon dos et dévoiler mes seins toujours fermement appuyés sur sa poitrine.

Je reculai et m'appuyai sur la paume des mains, laissant libre cours à son nez, inhalant chaque partie, chaque fragment et chaque morceau de mon cou, mes épaules et ma poitrine.

Sans enlever mon chandail, il prit le temps de savourer mon parfum féminin aromatisé d'émanation naturelle due à la chaleur.

Ses tendres caresses furent accompagnées de baisers furtifs et, tremblante de plaisir, je lui déboutonnai tranquillement sa chemise, tout en douceur, becquetant et flairant sa virilité, je sentais les battements de son cœur dans sa masculinité, la curiosité nous rongeait.

L'animal en moi me criait, me suppliait, depuis plusieurs semaines, que j'avais envie de lui, mais je voulais apprécier chaque instant et chaque moment passé dans ses bras et c'était mutuel !

Je descendis de la table, la chemise détachée découvrant sa poitrine, j'aguichai de frôlements, je lui défis le pantalon et je lui descendis lascivement en effleurant de mes lèvres pulpeuses toutes les parties de son corps, laissant mon souffle chaud faire son travail...

Ses mains affectueuses sur mon visage puis ma chevelure, ensuite, de retour debout face à lui, il continua le long de ma colonne, puis sous mon chandail, qu'il enleva gentiment et laissa tomber. Les bras en haut, je jouai dans ses cheveux...

Doucement il m'effleura des poignets à la taille de chaque côté de moi... Je redescendis en baisers sournois et m'agenouillai devant lui, le caleçon bien rempli et implorant d'un certain soulagement...

Le jeu des caresses furtives continua, le libérant de sa culotte, le souffle chaud et les vibrations de mes lèvres le firent sursauter... Tournant autour de lui comme une lionne affamée attendant le bon moment pour le dévorer, ce que je fis brièvement, enfonçant sa virilité au fond de ma gorge et goûtant au plaisir que je pouvais lui octroyer :

— Hum ! s'exclama-t-il, le souffle court.

Je continuai mon jeu séducteur, mais sa patience fut vite aiguisée et l'empressement se transforma en supplice, ma féminité gonflée, mes seins hurlants et toujours dans leur enlacement, il détacha mon soutien-gorge et me releva, ne pouvant plus endurer le va-et-vient inconstant de mes lèvres chaudes et humides sur son sexe prêt à exploser telle une bouilloire en ébullition. Il me prit la main et m'installa confortablement sur son lit...

Moi, étant dessous, couchée sur le dos, il se mit à me caresser de sa joue, le nez alerte à tous les effluves enivrants, ses lèvres se déposant ici et là, me faisant frissonner, les yeux ancrés dans les miens, observant mes moindres réactions et écoutant mon souffle rendu court par le désir...

Il commença par mon visage, tranquillement descendit dans mon cou, puis les épaules pour s'arrêter à mon buste... Sa langue irradiante de chaleur envida le bout de mon sein déjà excité par ce moment, mon dos se cambra de plaisir sous son souffle bouillant et à ses mordilles.

Tranquillement il enleva mon pantalon, pour découvrir un petit dessous sexy agencé au soutien-gorge... Ses lèvres moites dévalèrent sur mon ventre endolori par l'impatience, ses doigts suivirent pour rouler mon bourgeon de jouissance et doucement l'éveiller, faisant perler l'antre du plaisir pour lubrifier le passage de ses doigts...

Sa langue dégusta mon bulbe qui, d'un mouvement lent me fit jouir presque immédiatement, le ventre vibrant et anxieux de l'accueillir :

— Je n'en peux plus, dis-je le laissant perplexe.

Le retournant sur le dos, je m'assis sur lui telle une furie affamée. Mes lèvres ardentes de passion posées sur sa masculinité, humide et assoiffée de lui, mon sexe l'enveloppa dans un étau doux et brûlant tout à la fois, le contentement était délicieux dans des mouvements lascifs...

La friction continuelle finit par prendre le dessus... Je le sentis prêt à éclater, je ralentis pour étirer le plaisir... Les pulsations internes de plus en plus fortes, je sentais le volcan frémir sous chaque contraction mais notre faim fut rassasiée... Il frémit comme une feuille au vent, un sourire de bonheur aux lèvres...

Nous éclations dans un torrent opalin délicieusement mêlé à mon essence perlée féminine. Blottie dans ses bras, je me remémorais les discussions et les argumentations avec Stef :

« Il avait vraiment raison ! » pensai-je.

Seule

Le vent sifflant doucement dans les branches dénudées des arbres, de scintillants flocons blancs descendent du firmament : l'hiver est à notre porte !

Tranquillement, étendue sur la peau au coin du feu, admirant les flammes dévorer lentement l'immense souche, une douce brise effleure mon cou... Un bref frisson vibre en mon corps dévoilant lentement la rondeur de mes seins sous mon magnifique chemisier de soie blanche.

Je suis seule...

Le vent fait tournoyer la neige en rafales, la tempête se lève ! Les yeux fermés, je me laisse bercer par le doux sifflement de l'air se frayant un chemin jusqu'à ma peau de velours... Je sens une chaleur sur la froideur de mon chemisier, tes mains irradiantes effleurant mes bras, ton souffle chaud taquine mon cou… Je sens la passion monter en moi comme la braise rouge du foyer ; tu es arrivé !

Tous deux agenouillés sur la douce fourrure, ton torse chaleureux électrisant mon dos, je sens ta masculinité frôler le bas de mon dos et s'élever au rythme du vent… Tes mains doucement remontent vers mes épaules pour les découvrir, tes lèvres brûlantes et humides gentiment y déposent un baiser passionné. À ton toucher, le sang bouillonne dans mes veines, mes seins répondent avec ferveur, mes mamelons se durcissent, mon ventre frémit d'impatience, ma féminité se gonfle d'envie, mon cœur… mon cœur est à toi !

La soif charnelle nous envahit… Tes mains anxieuses cajolent subtilement mes seins gonflés de désir, ton nez inhale le doux parfum de mes cheveux, la cadence de ton souffle accroît au rythme de tes caresses, ton corps tremble d'envie, mes effluves allument tous tes sens... Tu me veux ardemment !

Mon impatience grandit... Mon corps enflammé contre le tien, une de tes mains me caressant le visage en effleurant ma joue et l'autre descendant sur mon ventre hurlant et anxieux de t'y accueillir. Me serrant contre toi, tu murmures à mon oreille :

— Je te désire...

Une fervente pulsation résonne dans mon corps, ma peau frissonne de passion :

— Prends-moi ! te réponds-je délicatement.
— Oh oui ! Je te désire, rétorques-tu.

Calmement tu te lèves, tu recules et tournes autour de moi, frôlant mon dos de tes doigts et devinant mes formes voluptueuses sous mon chemisier... Tu prends délicatement ma main pour me guider vers tes yeux profonds qui s'ancrent dans les miens... Tu me fonds à toi.

Tu es torse nu, habillé d'un simple pantalon noir, ton teint cuivré, tes yeux scintillants à la flamme du foyer, une de tes mains se glisse sous ma chevelure et l'autre sur ma hanche, mes mains caressent ton dos. On se rapproche et tes lèvres se posent sur les miennes, comme un premier baiser, enivrant le salon de passion...

Ton nez curieux et aventureux doucement amorce sa descente en entreprenant mon cou d'où émane d'un délicieux effluve épicé et poursuivant langoureusement par mes seins ; je sens la chaleur de ton souffle sur ma peau satinée à travers le fin tissu de mon chemisier... À genou devant moi, ta langue chaude et humide s'enroulant sur le bout de mon sein, tes lèvres sensuelles goûtent à ma peau frissonnante de passion, tes mains baladeuses caressent mes jolies rondeurs tranquillement dévêtues par tes cajoleries...

Mes mains dans tes cheveux, ton regard est déroutant... Relevant ton menton pour y déposer un bref baiser, au tour de mon nez de devenir aventureux et de vouloir inhaler la fragrance qui est tienne, d'enlacer ce corps viril… Mes mains soyeuses frôlent les côtés de ta poitrine, ta chair répondant aux pulsations irradiantes d'un suave frisson, mes lèvres pulpeuses te murmurent :

— Prends-moi.

Mon souffle embrasé détermine la direction que je dois prendre, ne te touchant point mais laissant circuler l'électricité qui fait dresser ta pilosité, je me glisse furtivement vers le bas, mes doigts électrisant tout sur leur passage et mes lèvres sensuelles allumant tous tes sens !

Mes petits doigts se faufilent derrière ta ceinture, le contact te fait trépider, ma bouche dégustant et se nourrissant de chaque frisson apprécie l'impatience du moment.

Agenouillée devant toi, je détache gentiment ton pantalon gonflé d'envie et de désir charnel.

Je te dépouille de tes vêtements délicatement et langoureusement, ne faisant que t'aguicher et t'exciter mais sans te toucher, te caressant adroitement de la cheville à la pointe des cheveux... Ton impatience se transforme en douleur que je soulage brièvement en enfonçant ton membre déchaîné tout au fond de ma gorge pour un instant :

— Hummm !

Le manège recommence, les émotions se bousculent et l'envie de me goûter est insupportable, jouant dans ma chevelure bouclée, caressant passionnément mon visage, tu t'agenouilles à ton tour, ton sexe implorant appuyé sur mon ventre, doux supplice qu'est l'impatience !

Étendu devant le feu, les flammes dansantes et crépitantes... Douce musique à nos oreilles, tu me caresses délicatement, le dos cambré découvrant mes rondeurs, durcies de convoitise et de passion... Ta bouche humidifiée par la soif de moi se délecte d'une douce vengeance bien méritée...

Le bout de ton nez câline ma peau satinée reflétant la lueur du foyer, complainte et respiration augmentent au rythme de ta descente, scrutant et humant tous les fragments de mon corps enflammé :

— Je te désire, murmuré entre deux soupirs de plaisir.

Tes doigts suivent ton nez, palpant et aguichant mes points sensibles, mon bas-ventre frémit sous la chaleur ardente de ta langue qui décide de s'y mêler et de s'y promener... Arrivé à mes lèvres gonflées et imprégnées de fluide passionnel, tu me fais vibrer en les effleurant mais, douce vengeance, l'agonie de l'attente est brûlante mais délicieuse !

Me tortillant d'impatience, ma souffrance est insoutenable... Tu enfonces délicatement un doigt au cœur de cette douleur pour en extraire l'élixir du plaisir... Ta langue, sournoise, l'accompagne formant un duo de provocation, allégeant mon doux supplice...

Nos gestes et caresses éveillent l'animal dormant en nous, empressé et affamé depuis longtemps, pour un festin charnel. Ton membre en suspens ne demandant qu'à être dévoré sauvagement par mes lèvres humectées de l'essence pure de l'excitation mutuelle ; le jeu trop cruel est avide de passion...

Guidé par tes instincts bestiaux, tu me prends déchaînée et frémissante... Tu pénètres férocement mon essence corporelle lubrifiant le passage à ta virilité. La chaleur ardente de mon sexe t'enveloppe, nos mains brûlantes s'entremêlent, nos corps embrasés s'entrelacent, le plaisir démesuré est délivrance...

Nos pulsions sont intenses, notre rythme synchronisé, nos cœurs soûlés d'affection s'extériorisent, nos sueurs enduisent nos corps d'éclat à la lueur du feu... Je te sens tel un volcan enragé de désir charnel. Tu me regardes passionnément répandant et immisçant ta boisson de vie...

Je te murmure gentiment :

— Je t'ai…
— Dring ! dring !
Je sursaute… le téléphone !

J'ouvre les yeux tout en sueur, essouf-flée et excitée :

« Humm, ce n'était qu'un rêve ! me dis-je perplexe et un peu déçue ! Mais que c'était bon ! »

L'orage

Elle est seule sur le bord du foyer, enragée mais hypnotisée par les flammes qui dansent au rythme du craquement de brasier, rêveries et fantasmes tranquillement inondent ses pensées.

L'attente d'un signe quelconque ou d'un simple coup de téléphone assouvirait son angoisse, mais l'orgueil est un trait de sa personnalité qui est très dominant !

La seule pensée de son corps vigoureux effleurant sa peau douce et soyeuse la fait frissonner, comme un courant électrisant du bout des orteils à la pointe des cheveux... Elle sent un courant d'air provenant de la cuisine :

« J'ai probablement omis de fermer la fenêtre ! » se dit-elle.

Elle est allongée sur une couverture au beau milieu du salon, ne portant qu'un léger chemisier, le bras derrière la tête, les yeux fermés se faisant rissoler à la chaleur de la cheminée. Elle a allumé quelques chandelles ici et là, une coupelle de vin à la main et essaie de tranquilliser son esprit furax pour laisser parler son cœur et son inspiration.

Elle sent une présence, qu'on l'observe...

Elle vient pour se relever, mais sa voix sensuelle lui demande de ne pas bouger... Il s'assoit près d'elle et il la supplie de garder les yeux fermés, ce qu'elle fait non sans colère, mais avec une certaine anxiété.

Du revers de la main, il lui caresse la joue, bouillante et rougie par l'ardeur du feu de foyer. Délicatement, il descend vers son cou, elle sent la passion s'allumer en elle et elle sent sa douce main trembler :

— Qu'y a-t-il ? Tu trembles... lui demande-t-elle gentiment, sachant bien la réponse.

Il se rapproche et lui murmure à l'oreille :

— Je suis vraiment désolé, mon amour !

Son timbre de voix la fait frissonner, mais elle ne lui répond pas, elle reste là, sans même lever le petit doigt. Elle aussi peut lui montrer sa force de caractère ! Malgré le fait qu'elle ne peut jamais rester frustrée après lui bien longtemps !

— Pardonne-moi, ma chérie ! la supplie-t-il en flairant subtilement son parfum.

Son nez sournois effleure sa peau imprégnée de cette fragrance épicée qu'il connaît si bien... Elle perçoit son envie de se faire pardonner, sa soif d'elle.

Sans dire un mot, ses lèvres désireuses gentiment se déposent sur les siennes déjà affables ! Une impénétrable bouffée de chaleur intime envahit leurs corps, chaque baiser est comme au commencement, à l'origine de leur relation, le plus intime des touchers.

L'intense chimie qui les lie est l'apogée de leurs ardents échanges de passion.

Sa sensualité répond avec ardeur à son invitation, ses seins se durcissent, son dos se voûte, sa féminité se gonfle et hurle de ferveur...

Il la sent le réclamer. Elle le veut, il le sait et l'orageuse dispute ne fait qu'augmenter leur appétit mutuel... Sa torture sera son plaisir et ça, il adore !

— Ne bouge pas... lui dit-il gentiment.

Il prend sa coupe de vin et la pose sur le meuble de salon. Il dépose sa bouche dans la paume de sa main, ses lèvres la becquettent légèrement pour dévaler sur son poignet, puis sur son avant-bras. Elle frissonne de partout :

— Dis-moi ce que tu veux de moi ! lui dit-il en effleurant ses épaules de son souffle chaud.
— Prends-moi !

Un soupir de convoitise guide ses mots...

Le sourire aux lèvres, le regard devinant ses moindres pensées, il dévale tranquillement le long de son cou pour aguicher brièvement ses seins, juste pour lui laisser le temps de déboucler sa ceinture et de remonter en compagnie de celle-ci.

Ensuite, poursuivant sa trajectoire, caressant tendrement ses bras pour les monter au-dessus de sa tête, un baiser passionné finit la course pendant qu'il lui ligote les mains à la table de salon :

— Hummm, marmonne-t-elle doucement, sachant bien le sort qu'il lui réserve.

Dégustant ses joues, son cou et ses oreilles, il la fait trembloter de tout son corps. Ses mains aventureuses se faufilent doucement sous son chemisier, prenant la peine de seulement effleurer sa peau pour la sentir vibrer encore plus :

— Tu es douce et soyeuse ! lui dit-il. Tu es vulnérable et j'ai le contrôle ce soir... continue-t-il doucement.

— Prends-moi, murmure-t-elle encore avec un peu plus d'anxiété.

Elle sent ses mains détacher sa chemise à partir du dernier bouton, un baiser accompagne chacune de ses actions...

Elle sent la chaleur de sa respiration, l'augmentation de son rythme. Il est étendu sur elle, elle discerne sa virilité se gonfler, il la désire et elle le sait !

La lenteur de ses gestes la rend folle, elle a envie de sentir sa bouche sur le bout de ses seins, de se faire agripper par ses mains, de sentir sa puissance masculine... mais il n'en fait rien, le désir est un repas qui se mange chaud et seule l'expectation peut le rendre brûlant !

Le corps à découvert, couchée sur le dos, les mains attachées et lui, habillé... Il veut l'aguicher, l'exciter !

Le dos voûté, les seins raffermis par la soif de caresses, il les frôle doucement déposant sur ses bouts durcis de furtifs baisers les embrasant encore plus. La chaleur de son corps la fait frémir... Elle ne peut rien faire, elle a les poings liés !

Continuant son manège, il longe la ligne de son nombril, mordillant et humant chaque fragment de sa chair suintante d'avidité pour arriver à son entrejambe déjà en alerte rouge... Langue sournoise et souffle ardent suffisent pour enflammer ce gîte brûlant de convoitise et de désir pour lui !

Mais il continue son chemin, goûtant à ses longues jambes chancelantes et frémissantes d'impatience... Du même coup, ses mains aussi fugueuses et délicates lui caressent doucement le bourgeon de plaisir, encore pour l'exciter davantage ! Elle se tortille dans une délectable agonie...

Tranquillement, il déboutonne sa chemise... Il l'ouvre juste assez pour montrer sa poitrine virile. Puis il s'allonge sur elle pour venir inhaler son doux arôme à son cou et pour qu'elle puisse sentir sa chaleur, la moiteur de son torse sur son buste... Elle sent sa masculinité gonflée au maximum, l'agonie l'excite autant.

Il se relève tranquillement devant elle, donnant des baisers furtifs ici et là, il défait calmement son pantalon et le laisse tomber à ses pieds.

Il prend un coussin sur le canapé, s'agenouille devant elle et lui soulève délicatement le bassin mais la tentation est trop forte, il ne peut s'empêcher de déposer un baiser sur ses lèvres pour introduire sa langue au plus profond d'elle et se délecter de son essence... juste le temps d'y glisser le coussin :

— Ah que c'est bon ! s'exclame-t-elle avec difficulté dans un bref soulagement.

Un sourire sournois s'accroche à ses babines en sortant un petit « Guizmo » à piles qu'elle utilise occasionnellement pour soulager ses envies primaires.

Il le met en marche et le pose sur le bout de son sein injuriant d'envie pour le soulager un peu... Ses lèvres humides, elles, se déposent sur l'autre. Elle sent les pulsations de son membre sur sa jambe, sa féminité hurle de délire !

Sa langue chaude et moite enroule le sommet de l'un de ses seins tandis que l'autre est occupé à la pulsation de l'engin de torture nocturne... Rapide soulagement, mais sa destination est vers le bas, sa bouche redescend suivant le jouet de près, sa langue captant chacune de ses pulsions... Au nombril, sa langue s'attarde juste le temps que la petite machine à piles continue l'incursion jusqu'à son entrecuisse, chaud et perlant de caprice.

Regardant avidement ce qu'il fait, il introduit délicatement ce petit appareil vibrant en elle :

— Oh, chuchote-t-elle légèrement, le souffle court.
— Je te veux, lui murmure-t-il.

Sa langue experte arrive à son petit endroit sensible déjà enflé de désir... La chaleur de sa bouche l'a fait trembler... Un léger mouvement d'une main, une petite langue adroite s'enroulant sur ce minuscule centre de convulsion, il dépose son autre main sur son bas-ventre. Il la désire, il veut lui faire plaisir, la faire jouir...

Tranquillement, il masse son intérieur avec « Guizmo » en prenant soin de sentir ses déplacements de son autre main pour aller chercher son point G.

Sa langue continue sa quête, entremêlant aspiration et roulement, l'animant davantage...

Sous ce trio d'enfer, elle se trémousse de plaisir, la bouche entrouverte lamentant ses envies, la respiration concise, suintante de satisfaction... Sa jouissance éclate en une magnifique rivière inodore et incolore, l'aspergeant tout entier !

Il se redresse détrempé, excité et chargé comme un étalon, il s'agenouille devant elle pour bien la regarder frétiller de contentement ininterrompu, il continue la cadence avec « Guizmo » de sa main, il empoigne son membre gonflé à bloc de l'autre et commence à se caresser doucement suivant le pas d'une danse lascive partagée...

Le spectacle qu'il a sous les yeux de sa femme totalement ivre d'émotions, se cambrant de tous les côtés l'anime davantage, augmentant le balancement...

Il se synchronise à son rythme à elle, elle s'en vient de nouveau... Ils détonent tous les deux dans un échange de fluide d'amour corporel...

Il s'étend tout près d'elle le souffle court et lui murmure simplement à l'oreille :

— Me pardonnes-tu ? Elle le regarde et acquiesce d'un sourire radieux.

Double vie

Une petite vie bien banale, un travail minable, sans artifice… une existence bien monotone, quoi !

Voilà ce qu'est ma vie, prise dans la routine infernale des boîtes de nuit ; je suis barmaid dans l'un des clubs les plus réputés de Montréal. Mais malgré tous les désagréments du métier, je gagne bien ma vie, c'est payant ce boulot !

Je suis tout le contraire de Tasha, ma colocataire. Étudiante en médecine, elle ne prend jamais le temps de s'amuser et de se relaxer. Elle est simple, naturelle, timide, réservée et derrière ses immenses lunettes se cache un joli visage. Ses cheveux foncés toujours remontés et attachés suivent son habillement dans les tons de terre qui, eux, lui donnent un air d'antan… Elle n'est guère à la dernière mode, la fille !

Moi je pourrais être mannequin selon certains : chevelure blonde, grande, silhouette effilée, j'ai tout pour faire baver mes clients... C'est rentable d'être jolie !

Nous ne nous rencontrons que très rarement, étant sur des horaires totalement différents. Pour ma part, tant que la moitié du loyer et les dépenses de l'appartement sont payées...

Le temps des fêtes arrive, ce qui veut dire une fin de session pour Tasha et un débordement de besognes pour moi !

L'endroit où je travaille est le mieux coté en ville et l'un des plus fastueux également. Le pub est fait d'une salle principale et de cinq salons privés de différentes grandeurs que les clients peuvent louer pour toutes sortes d'occasions.

Je suis une des hôtesses de ces petits salons privés. Party de bureau, enterrement de vie de garçon, réception de mariage, on voit de tout dans ces petites salles...

Ce club est très différent, ses lumières tamisées, ses petites tables rondes en tenant une minuscule lampe suspendue juste au-dessus et entourées de quatre confortables divans le stylisent énormément.

Tout au fond, il y a le bar en boiserie difforme rouge sang. Une petite scène et un tabouret situé au centre de la pièce peaufinent le style d'architecture du bar qui s'agence aux murs de couleur terre, comme l'orange brûlé et le beige foncé sur un tapis noir ténébreux.

L'aspect contemporain des lieux donne une ambiance très chaleureuse et très intime. Une petite musique de fond « lounge jazz Noël » complète le tout.

Ce soir, le salon a été réservé par une grande compagnie du centre-ville. Rapidement, la place se remplit. Habits, cravates, robes de soirée sont de mise !

L'atmosphère se détend au gré des bouteilles de vin et des verres… lorsqu'un silence grisant submerge le salon. J'arrête pour percevoir la raison de cet étrange silence : une superbe femme pointa son nez à l'entrée.

Toutes les têtes se figent à l'arrivée de cette déesse ; les hommes comme les femmes se retournent pour admirer, bouche bée et subjugués, cette beauté charismatique...

Une jolie chevelure noire et lisse, un magnifique corps athlétique, un visage angélique, les yeux bleus comme le ciel d'une journée ensoleillée et un sourire éclatant.

Elle porte un vêtement bleu scintillant rehaussant son teint basané et ses formes voluptueuses, tout en lui donnant un air sophistiqué.

Des lèvres pulpeuses, un fessier ferme, des jambes effilées montées sur de magnifiques escarpins de même couleur que sa robe longue en satin au décolleté plongeant, laissant deviner la rondeur de ses seins, continuant entrelacée dans le dos en valorisant sa courbe dorsale jusqu'aux rosettes du haut de ses fesses.

D'une démarche confiante, elle entre dans la place. Comme pour y chercher un ou une amie, elle fait le tour, regardant chaque individu dans les yeux, les déconcertant à tour de rôle. Un regard dans lequel on peut se noyer, tel un océan sans fond. L'atmosphère fébrile qu'elle crée volontairement est incandescente...

Sa robe satinée, ouverte de chaque côté, laisse paraître la peau de soie de ses cuisses. Le tissu ondule au fil de ses pas, ses délicates mains habillées de longs gants prolongent l'éclat de sa tenue.

Gracieuse et sensuelle, une traînée d'effluves parfumés que les gens inspirent avec délectation suit son passage... totalement aphrodisiaque !

Un silence fatiguant étouffe toujours l'endroit. Le questionnement des clients est palpable. C'est inscrit sur leur visage, tous

la regardent et s'attendent à ce qu'elle re-
joigne le chanceux collègue assis quelque
part dans la place... Elle suit sa route,
fixant, figeant et embrasant un par un chacun de ceux qui croisent la chaleur de son
charisme.

Mais, comme un film en *slow motion*,
escortée par un souffle de musique languis-
sante et d'un petit balancement de hanches
souples, elle gravit l'escalier du podium,
provocante et troublante, tous les yeux sont
rivés sur elle.

L'envoûtement du jeu continue au tempo de la musique... Le spectacle
commence par un magnifique tour de reins,
ses minuscules mains suivent le rythme en
caresses excitantes, relevant subtilement sa
robe juste le temps d'entrevoir sa peau cui-
vrée... une strip-teaseuse !

La souplesse du tissu et ses mouvements
chimériques sont époustouflants, telle une
plume dansante poussée par la brise à la
cadence de la pluie tombante...

Sa robe, échancrée jusqu'aux hanches, dévoile ses splendides jambes élancées, son long décolleté divulgue ses luxurieuses formes... La luminosité de sa tenue, d'un brillant et riche cobalt, illumine la scène.

Les épaules à l'air, gracieuses et délicieuses, un soyeux déhanchement, des élancements longs et féeriques totalement magiques : tout pour déranger la foule !

Soumis par son regard perçant croisant le leur, les clients salivent, attentionnés et concentrés sur toutes les vaguelettes de son corps.

Sa danse langoureuse les attise, ils ne peuvent qu'envier et évoquer davantage le plaisir imaginaire... La déesse enflammée a séduit son public, autant les hommes que les femmes !

N'échappant pas à cette divinité, et malgré le fait que je sois derrière le bar, ses yeux croisent les miens ; un étrange frisson parcourt ma colonne de haut en bas, comme si elle venait me chercher au plus profond de moi-même...

En mouvements nonchalants, elle tourne autour du tabouret au milieu de la scène pour y prendre lentement place. Sur la pointe des orteils, le dos bien droit, assise sur le bout du siège, elle lance un regard et un sourire espiègles à l'audience...

Elle élance ses bras en croisé de poignets sur ses genoux, la cadence de la musique accélère davantage, laissant ses jambes s'emporter dans un balancement rythmé et la voilà qui se plonge dans un tourbillon érotique et sensuel.

Elle déroule un de ses gants suivant le tempo, le dépose sur ses cuisses et fait suivre l'autre, tout aussi gracieusement.

Elle se redresse et se dirige vers l'un des spectateurs pour le prendre au lasso de ses longs gants et pour mieux l'embraser, elle effleure son visage de sa joue.

Tapie sur lui pour qu'il puisse sentir la moiteur de son menu corps à travers son complet, elle continue son jeu en enroulant son mollet au sien : le déconcertement de l'homme est étonnant, il doit s'asseoir, les jambes ramollies par l'ardeur de ses avances...

Elle revient doucement, satisfaite des états d'âme de son éphémère prétendant et elle replonge dans une exaltante houle d'impulsions lascives pour retrouver et faire face à son petit banc.

Elle y étale ses gants, agaçant tous et chacun de ce malicieux regard, déposant son pied sur la chaise, elle s'incline rabattant sa longue crinière vers l'avant...

Délicatement, elle saisit sa cheville de ses minuscules mains qui, à leur tour, caressent ses mollets, remontent au genou, puis découvrent ainsi la peau de sa cuisse. Laissant tomber sa tête vers l'arrière, ses mains bien ouvertes continuent leur ascension vers les hanches, puis par le ventre, frôlant les côtés de ses seins pour finir leur course les doigts dans sa chevelure... Elle ferme les yeux, ne se concentrant que sur son propre plaisir.

Son doigté de fée poursuit en effleurant sa joue et puis sa bouche, poursuivant au cou et aux épaules pour laisser tomber une de ses bretelles... Le rugissement de la foule est dément.

Accrochés et hypnotisés, tous la regardent avec délectation, attendant la suite du spectacle... Une beauté tout aussi enivrante que l'alcool, ils sont tous ivres d'elle...

Le show continue dans une sublime vague corporelle... La vocifération de la foule l'embrase davantage... Faisant dos à son public et prise dans son fantasme, elle laisse doucement glisser sa robe sur sa peau de soie...

Tranquillement, le haut de son corps se découvre, laissant son teint joliment bronzé miré sous la chaleur ardente des projecteurs !

Ses bras croisés à l'avant et caressant ses reins donnent l'impression qu'une autre personne se trouve devant elle, fortifiant l'enivrement des gens.

Perpétuant ses manœuvres, elle lève ses bras au-dessus de sa tête pour suivre la mesure, seul le bas de son anatomie bouge avec souplesse et grâce, telle l'étoffe atterrissant sur le parquet de la scène...

La divinité s'expose dévêtue dans un languissant flot de mouvements incroyable, poussant les limites du réel...

Le délire du rassemblement est totalement fou... Dans un tourbillon séducteur, elle me regarde droit dans les yeux avec un sourire espiègle et familier :

« Non... ce n'est pas vrai... C'est impossible... J'hallucine... »
Eh bien c'est Tasha ! Ma gratteuse de colocataire !
Je reste là, pantoise : qui aurait cru qu'elle avait une double vie ?

« Pyjama party »

Couchée sur le ventre, je lis tranquillement un roman et j'attends... J'attends
quoi au juste ? Ah oui ! mes invitées : c'est
samedi et c'est notre partouse mensuelle
féminine et j'ai l'honneur d'être l'hôtesse
ce soir !

Une fois par mois, nous nous regrou-
pons et nous passons une nuit blanche de
films, de pop-corn, de tranches de
concombre sur les yeux, de masque verdâ-
tre sur le visage, d'huile de massage, de
grosses pantoufles en forme de lapin et
sans oublier le vin, bien entendu... Notre
fabuleuse « pyjama party » !

J'ai tout prévu. Avant midi, j'ai fait un
grand ménage : balai, époussetage, net-
toyage, épilation, douche, etc. Ensuite,
dans l'après-midi, le plus important... le

magasinage : la location des films, les craquelins, le pop-corn, les boissons et les
vins de toutes sortes, les chandelles aroma-
tisées, les produits de beauté et les
miraculeux concombres !

Imaginez ce que cinq magnifiques femmes célibataires peuvent inventer durant un
été chaud, humide et une nuit blanche de
cinéma, de fricotage, de massages, de câli-
nage, de jeux amusants et ce qu'elles
peuvent manigancer !

— Ding !
« Les voilà ! » me dis-je.

Carmen est à la porte, une bouteille de
vin rouge à la main. Cette charmante Ita-
lienne aux cheveux noir ardoise est ma
favorite et ma meilleure copine.

Elle est très grande et juste bien roulée
aux hanches. Son teint basané luit à l'éclat
des chandelles. Sa robe de soie blanche
semble danser sur son passage, laissant un
effluve épicé me venir au nez :

— Prête pour une soirée chaude, ma co-
cotte ! me dit-elle souriante.

— Certainement et avec avidité… lui
réponds-je en prenant la peine de prendre
sa bouteille et de la mettre au frais.

Karmina et Josiane suivent de près : de
superbes jumelles, toujours en divergence
d'opinions mais inséparables. Leurs cheve-
lures dorées et lisses scintillent à la flamme
des bougies.

Leurs magnifiques robes de nuit rehaus-
sent et épousent leurs jolis corps
athlétiques. Le teint soyeusement opalin,
les yeux bleus comme le ciel, leurs sourires
coruscants, ces deux déesses grecques dis-
simulent des tigresses aux cœurs
passionnés :

— Coucou toi ! me dit Karmi en
m'embrassant.

— Je suis chaude pour ce soir ! dit Josiane avec une petite danse sensuelle et se
caressant doucement.

Et la dernière arrivée, notre fugace retardataire, Natalia. Une adorable rouquine de petite taille ayant du caractère et du doigté. Ses magnifiques yeux charbon parlent d'eux-mêmes... Le regard qu'elle me lance me fait frissonner.

Ses lèvres charnues lancent un sourire de satisfaction. Une flamboyante crinière longue et bouclée ondoie sur ses épaules légèrement vêtues. Son petit chemisier rouge laisse deviner ses courbes et vague au gré du vent lorsqu'elle passe devant moi pour rejoindre les autres au petit salon :

— Tu es en beauté, très chère... hum ! me dit-elle en poussant un petit grognement de désir !

« Toi également... » laissé-je entendre du regard pour montrer que l'attrait est réciproque.

Je suis une grande brunette, mince et élancée. Mes délicates boucles rebondies effleurent mes reins, ma peau lisse et bronzée met en évidence mes grands yeux verts. Je porte une simple chemise bleu pâle trop grande pour moi, déboutonnée jusqu'au nombril, laissant paraître mes rondeurs.

Il est à peine 20 heures et la soirée commence. Bien entendu, les craquelins, l'ouvre-bouteille, le vin et les coupes ne sont pas loin... Nous commençons à visionner les films et nous commençons à jouer avec les morceaux de concombre et les produits de beauté étalés sur le meuble de salon.

Dès 20 h 30, mon salon rempli de poupées Barbie se transforme en foire de clowns avec les masques à l'algue, les concombres et les poches de thé vert sur les yeux...

Les cacassements, qui s'entendent jusqu'au coin de la rue, évoquent un poulailler rempli de commères hystériques.

Après avoir mis en pause les vidéos, nous enlevons ces horribles masques et je suggère que nous passions au spa à l'arrière de la maison...

Telles des enfants, elles galopent à leurs sacs pour prendre leur maillot bain : moi, je ne me m'encombre pas d'un maillot… à la première occasion, nous allons toutes être nues de toute façon !

Toutes se glissent tranquillement dans l'eau… c'est chaud ! Je prends l'initiative d'apporter les coupes et les bouteilles de vin sur le bord, la « pyjama party » ne fait que commencer après tout ! Carmen me fait un clin d'œil, voyant que je les ai devancées sur les maillots…

Une fois de l'eau jusqu'au cou, le piaillement recommence mais avec plus de douceur.

Carmen et Karmi délicatement se massent le visage avec des morceaux de concombre qu'elles ont ramassés sur la table avant de sortir… Nat et Joe s'échangent les hauts de maillot, comparant leur poitrine pour voir laquelle est la mieux…

Les débats se tempèrent au fur et à mesure que les bouteilles de vin disparaissent. Plus fébrile, je rejoins Carmen pour lui masser les épaules. Sa partenaire, la tête en arrière, se laisse caresser les seins au concombre...

Les deux autres laissent les morceaux de tissu triangulaire sur le bord du spa et se rapprochent pour s'inhaler mutuellement les oreilles et le cou.

La chaleur de l'eau augmente rapidement la sensation d'ivresse. Pour étirer ces brefs plaisirs, « plus c'est long, meilleur c'est », il ne faut pas trop rester dans cette chaleur...

Donc, après avoir bien mijoté et être ratatinées comme de petites vieilles à cause des remous de l'eau tiède, nous décidons finalement de retourner au salon pour la suite de la projection.

Nous prenons plaisir à pousser la table de salon hors de notre terrain de jeu et à essayer de souffler les matelas gonflables... La boisson fait son effet !

Étendues sur les couvertures et les coussins, nous continuons les films : pop-corn et craquelins sont les bienvenus, la petite virée à l'extérieur nous a ouvert l'appétit...

Il ne se passe pas grand temps et nous oublions la télévision pour passer aux huiles essentielles et aux crèmes de massage... Nous éteignons la télévision au profit d'une petite musique d'ambiance.

Doucement, les vrais massages se transforment en tendres caresses, plus subtiles et sensuelles, frémissant, s'embrassant et se cajolant...

Les poules jacasseuses se transforment en délicieuses félines, une pluie d'affection submerge la pièce... Toujours vêtues de nos légers pyjamas, tranquillement ils se retirent pour abandonner nos corps dans une danse charnelle que seules, nous, les femmes, avons cette façon de faire...

Captivées de voir les désirs doucement venir en nous au rythme de la délicatesse et de la chaleur féminines, nos massages du cuir chevelu se poursuivent pour entreprendre la descente aux épaules. Nos griffes effleurent seulement nos peaux, pour un tourbillon de frissons, ce qui attise davantage le désir...

Nos lèvres brûlantes d'envie soufflent une suave brise allumant et cambrant notre dos, laissant nos seins se durcir, nos minuscules mains les enserrant pour y déposer un baiser... La moiteur de notre bouche extirpe un soupir d'extase :

— Hmmmm !

La douceur de nos mains sur notre peau satinée vibre de passion, lentement les cuisses répondent aux plaisirs mutuels, la tiédeur de la pièce nous soûle encore plus...

Ne lâchant pas les câlineries, sans omettre aucun fragment de peau du bas-ventre et d'un délicat doigté, suivent de petits

« Guizmos » : nous entrons au centre du plaisir, nos langues en duo pour savourer le désir exploser en vibrations éphémères...

— C'est bon... hmm ! exclamé dans un soupir de jouissance.

Nous continuons les jeux aguicheurs, plaisants et relaxants : se remplir de tendresse, d'affection et d'énergie est le but de nos rencontres.

Rien de tel que la douceur d'une femme... Un bruit nous fait sursauter !

— Qui est là ? demandé-je avec fermeté en me dirigeant à la fenêtre.

Un jeune homme de bonne stature s'enfuit en courant...

— Nous avons des voyeurs comme voisins, les filles ! dis-je en ricanant.

Cet ouvrage a été édité par la
Société des Écrivains,

14, rue des Volontaires – 75015 Paris
Tél. : 01 53 69 65 33 – Fax : 01 53 69 65 27

300 St-Sacrement,
415 Montréal (Qc) H2Y 1X4
Tél. : 514 279 5578

www.societedesecrivains.com
info@societedesecrivains.com

Imprimé au Québec